Pour une Éducation féministe des filles (1914)

Un manifeste féministe

Madeleine Pelletier

Chapitre Premier. Valeur de l'éducation

On a dit avec raison que les peuples n'ont jamais que le gouvernement qu'ils méritent. Un peuple opprimé qui ne mériterait pas de l'être s'insurgerait contre ses oppresseurs et les mettraient hors d'état de le tyranniser. Cette vérité s'applique non seulement aux peuples, mais à toutes les collectivités. Le prolétariat mérite certainement le sort qui lui est fait dans la société présente ; s'il ne le méritait pas, étant donné qu'il forme la majorité de la nation, il y a longtemps qu'il aurait dépossédé la bourgeoisie de son pouvoir.

Même vérité pour les sexes. Mise en marge de la société, la femme, en tant que collectivité, mérite la situation servile qui lui est départie. Elle ne sait que gémir lorsque le joug du mâle est trop dur. Si elle montrait plus de dignité, si elle savait mieux s'organiser, si elle revendiquait avec plus d'énergie, elle aurait depuis longtemps, conquis l'égalité politique et sociale.

Mais il n'y a pas à vitupérer les opprimés de leur peu de ressort moral, ils sont ce qu'ils sont ; l'homme fait la condition et la condition fait l'homme ; le psychologique et le social interdépendant l'un de l'autre. Seules de rares individualités supérieures ont été capables de se rebeller contre la situation à elles faite et d'inciter à la rébellion leurs frères de servitude. Les masses subissent leur condition, ne comprenant même pas qu'elle puisse changer.

À la longue, cependant, et sous l'influence d'individualités d'élite, des évolutions sociales s'effectuent. Les plébéiens finirent par s'affranchir du patriciat, la bourgeoisie a triomphé de la noblesse, le prolétariat triomphera de la bourgeoisie, la femme est en train de s'émanciper de la tutelle de l'homme.

L'œuvre d'affranchissement féminin est avant tout une œuvre collective ; c'est l'État, par la législation qui émancipera la femme, parfaisant en le sanctionnant le travail commencé par l'évolution économique. Le droit de vote et d'éligibilité transformeront la mentalité de la femme et modifieront les mœurs. L'ambition que la femme n'avait qu'à travers l'homme, fils, mari ou amant dont elle partageait la vie, elle le sentira pour son propre compte, et sous l'impulsion de cette passion stimulante, surgira de la masse du sexe une élite intelligente, courageuse, remuante, qui, à la suite, entraînera le reste.

Mieux considérées, les femmes perdront leur timidité qui les infériorise ; elles parleront aux hommes comme un égal parle à un égal.

En face de l'éducation sociale, l'éducation individuelle n'a qu'un pouvoir très restreint. Aussi ne m'arriverait-il jamais de préconiser la création d'écoles féministes. Évidemment, il est des circonstances où l'on se trouve obligé d'accepter la solution qui s'offre à vous. Si une féministe fortunée tenait absolument à consacrer à une école la somme dont elle aurait décidé de disposer pour la cause, il ne faudrait pas l'en empêcher, un effort n'est jamais absolument inutile. Mais il vaudrait mieux employer l'argent à une campagne d'agitation.

Une réforme d'émancipation féminine parle à toute la population, une école ne s'adresse qu'à un très petit nombre de personnes et comme son effort est contrarié par la société entière, le résultat est nul ou à peu près ; c'est la goutte d'eau dans l'océan.

Seules les collectivités très puissantes comme l'Église peuvent tirer profit de l'enseignement. Détentrice de sommes colossales, pourvue d'un personnel nombreux et dévoué, l'Église peut multiplier les établissements au point de concurrencer l'État lui-même. Des nombreux élèves qu'elle forme, beaucoup échappent à son influence, mais il lui en reste assez pour conserver quelque pouvoir.

Les écoles que fondent les anarchistes, au contraire, n'augmentent que peu la puissance de leur parti. Leur seule utilité est d'être le prétexte de réunions dans les milieux populaires où les réunions n'auraient que peu de succès si on n'en variait pas les prétextes.

C'est donc sans grand espoir que j'écris ce petit livre ; et ce que j'attends de lui, c'est bien plutôt les discussions auxquelles il donnera lieu dans les milieux féministes qu'un résultat vraiment pratique. Car l'éducation féministe individuelle dont j'essaie de tracer les grandes lignes ne donnerait guère de résultat. Il est à peu près impossible d'élever un enfant dans des idées qui sont en opposition avec l'immense majorité du corps social. La mère féministe aura contre elle, son mari, ses domestiques si elle en a, ses amis, les voisins, l'école, les passants dans la rue, la société toute entière enfin. Alors même qu'elle aurait l'énergie nécessaire pour résister à tout et à tous, elle échouerait encore, car son enfant l'abandonnerait pour aller avec la majorité, c'est-à-dire avec la force.

Néanmoins, je ne crois pas faire une œuvre inutile. Si la mère féministe ne suit pas à la lettre notre programme, elle tâchera d'en appliquer quelques articles et ce sera toujours autant.

En outre, je me permets d'espérer que mon petit livre la fera réfléchir sur l'éducation féministe et, en y pensant, peut être lui viendra-t-il une idée à laquelle nous n'avons pas songé et qui se trouvera plus aisément réalisable dans son milieu particulier.

Souvent, féministes elles-mêmes, les mères ne savent pas donner à leurs filles une éducation féministe. L'idée de s'affranchir ne leur est venue que tardivement et tout en essayant de faire partager à leurs enfants les idées générales qu'elles ont sur l'émancipation de la femme, elles les élèvent comme elles ont été élevées elles-mêmes, c'est-à-dire selon la tradition.

Puisse mon petit ouvrage leur permettre de mieux accorder leur pratique avec leurs principes.

Mais nos espoirs ne seront comblés que si notre travail détermine les professeurs et les féministes à former à nos idées leurs élèves. Si les écoles particulières sont de peu, les écoles de l'État, étant donné leur nombre, permettent d'agir sur une échelle qui en vaut bien la peine.

Songez, Mesdames les maîtresses, que c'est toute la France féminine de demain que vous avez entre les mains ; par votre action, si vous le voulez, dans dix ans, toutes les jeunes filles seront en état de comprendre ce qu'a d'inique la condition de la femme et de revendiquer l'égalité des sexes. Certes, le lycée et l'école ne sont pas tout et la propagande féministe que l'on y ferait serait annihilée presque partout par les influences familiales et ambiantes ; néanmoins, il en resterait quelque chose, il en resterait même beaucoup.

Il y a, il est vrai, les programmes. Mais les programmes règlent surtout les matières de l'enseignement ; l'esprit, l'éducatrice peut, dans une large mesure, en faire ce qu'elle veut. Qui l'empêche, par exemple, dans son cours d'histoire, de montrer toute l'injustice de la loi salique qui excluait les femmes du trône ? À propos de Jeanne d'Arc, elle montrera qu'il n'est pas impossible à une femme de conduire une armée à la victoire. Au lieu de présenter la Bonne Lorraine comme une manière d'illuminée, elle en fera la figure féministe la plus vigoureuse, la femme général en chef.

Le cours de littérature permettra de multiples commentaires féministes, on dira de Molière ce qu'une féministe doit en dire. À propos des imprécations de la Camille d'Horace, on montrera comment de toute nécessité, la femme, élevée seulement pour la famille, devient une ennemie de la patrie qu'elle ne comprend pas. Dans toutes les œuvres littéraires, la femme est placée au premier plan, mais presque toujours, on la présente comme une poupée frivole. Lorsqu'on lui prête une supériorité, c'est pour la lui faire employer à une œuvre mauvaise ; elle est alors la femme fatale qui entraîne à la ruine et à la mort tous ceux qui l'approchent.

Si nos gouvernants étaient animés d'un sincère désir de progrès social, non seulement ils s'abstiendraient de sévir contre les professeurs qui enseignent le féminisme à leurs élèves, mais ils inciteraient, au contraire, le personnel enseignant à susciter en l'esprit des écolières des idées d'affranchissement.

Plusieurs nations européennes ont aujourd'hui le vote des femmes ; il faudra bien un jour que la France y arrive. Les résultats en seront d'autant meilleurs que les lycées et les écoles de jeunes filles les auront mieux préparés.

Chapitre II. La formation du corps et du caractère

D'abord, comment habiller la petite fille ? La question peut, à première vue, sembler de minime importance ; elle en a au contraire beaucoup. Le costume est, avec la physionomie tout ce qui apparaît de nous ; c'est sur lui que nous jugent les inconnus et l'impression qu'il fait sur les autres, il la fait aussi sur nous-même. Ce n'est pas sans raison que l'on fait porter un uniforme aux soldats, un habit aux religieux ; une armée en uniforme vaudrait infiniment moins et les religieux sans habit différeraient très peu des laïcs. Un riche costume porte à l'orgueil, à la hardiesse ; il stimule l'énergie, les haillons portent à l'humilité, à la nonchalance, à la crainte.

Si, dès les premiers ans, vous mettez à votre petite fille des robes chargées de rubans et de garnitures, si vous la couvrez de bijoux, vous en ferez une coquette qui ne pensera qu'à s'attifer. Tous les efforts que vous pourrez faire ensuite pour former une personne sérieuse et digne seront vains. Elle pourra vous écouter avec une déférence apparente, mais ses véritables éducatrices seront les petites camarades aux falbalas desquels elle comparera les siens.

L'enfance achevée, vous n'aurez, si vous êtes riche, qu'une poupée mondaine. Si vous êtes pauvre, vous aurez bien pire encore, car votre enfant sera décidée à tout pour se procurer les colifichets, objets de son désir.

La mère féministe devra donc tâcher d'habiller sa petite fille en garçon. Les habits masculins auront la plus heureuse influence sur le caractère de l'enfant. D'abord, leur forme permet d'exécuter sans indécence tous les mouvements. La mère n'aura pas besoin d'ordonner à chaque instant : « Baisse ta robe ». « Ne lève pas ainsi les jambes ; c'est inconvenant ». L'enfant a un besoin incessant de mouvement et ces prohibitions constantes ont pour résultat de faire, dès l'âge le plus tendre, une entravée de la petite fille. Il va de soi qu'il ne faudra pas, comme le font toutes les mères féministes dire à l'enfant : « Les petites filles ne font pas ainsi la culbute », ou bien : « Tiens-toi, tranquille, garçon manqué ».

Une mère qui se conduit ainsi ne doit pas s'étonner, ensuite, si sa fille devient une femme comme les autres, en dépit du lycée et même du baccalauréat.

L'observation des petits enfants dans leurs jeux montre que, au début de la vie, la mentalité est la même dans l'un et l'autre sexe ; c'est la mère qui commence à créer le sexe psychologique et le sexe psychologique féminin est inférieur.

Je ne me dissimule pas que seules les femmes de la bourgeoisie riche pourront habiller leur fille en garçon. L'argent permet une grande indépendance : dans un hôtel, dans un grand appartement, on fait à peu près ce que l'on veut. Le pauvre dépend de son concierge, de ses voisins, et, s'il est par trop différent des autres, on lui fait par mille petites misères la vie impossible. Néanmoins, avec de la ténacité, si on est à peu près à son aise, on pourra tenter une chose ; au besoin, on imaginerait une ordonnance médicale. À la longue, les gens habitués à voir l'enfant revêtue d'habits masculins n'y feront plus attention.

À défaut de pourvoir habiller la petite fille en garçon, on se rapprochera le plus possible de la simplicité masculine ; les robes seront unies, de coupe correcte et sans garnitures.

On devra veiller à ce que l'enfant ne souffre pas trop de la façon dont on l'habillera ; car si elle souffrait, tous les bons effets de la masculinisation du vêtement se trouveraient annihilés. La petite fille n'aspirerait qu'à s'affranchir de l'autorité maternelle pour s'habiller comme les autres. On tâchera de donner des compensations : on aura par exemple une étoffe plus belle, une meilleure coupe ; tout en étant vêtue simplement, la petite fille sera mieux habillée que les autres enfants de milieu social égal. La mère ne manquera pas d'éduquer l'œil de sa fille pour lui faire voir la supériorité de ses vêtements.

On s'attachera à corriger les imperfections du costume féminin. Sous sa robe, l'enfant aura un pantalon fermé d'étoffes foncées. De cette façon, elle pourra en toute sécurité prendre ses ébats.

Le mieux serait de couper les cheveux. Les cheveux longs et frisés siéent aux visages d'enfants, sur lesquels la vie n'ayant pas encore mis un cachet personnel, on ne recherche d'autre beauté que la joliesse.

Mais le souci d'éviter la coquetterie féminine doit primer toute autre considération. La plupart des petites filles ont constamment l'esprit occupé de leur natte ; elles en comparent la longueur et la grosseur à celle de leurs camarades, défont et refont du matin au soir le nœud de ruban qui la retient. Si, outre la petite fille, on a aussi un petit garçon, on pourra leur laisser pousser à tous les deux les cheveux jusqu'aux épaules, sur lesquels on les fera boucler. Ce n'est pas, en effet, la coquetterie en elle-même qui est dangereuse ; c'est le sentiment que la petite fille acquiert de sa féminité. Ce danger est écarté en partie lorsque le frère est coiffé comme sa sœur.

Les jouets seront l'objet de toute la sollicitude de l' éducatrice féministe, car ils contribuent dans une grande mesure à la formation de l'esprit et du caractère. On proscrira les poupées, les petits mobiliers, les fourneaux de cuisine qui enseignent, dès le berceau, à la petite fille qu'elle sera ménagère. On aura des jeux de patience, des constructions qui habituent les enfants aux efforts d'attention ; on donnera même des jouets militaires.

Le nom de la petite fille sera choisi parmi ceux qui, communs aux deux sexes, ne diffèrent au masculin et au féminin que par l'orthographe : Andrée, Renée, Paule sont préférés à Marie, Louise ou Georgette. Lorsque l'égalité des sexes sera devenue un fait accompli dans les lois et dans les mœurs, plus ne sera plus besoin de masculiniser ainsi les noms des petites filles ; mais dans l'état présent des choses, on ne serait trop accentuer la virilisation : le milieu se chargera bien et beaucoup plus qu'il ne sera nécessaire de défaire ce qu'on aura fait en ce sens.

Pour obtenir le maximum d'effet, force sera à l'éducatrice féministe s'isoler sa fille des autres enfants du même sexe ; car, autrement, tout ce qu'elle fera sera défait. Si grand qui puisse être l'influence de la mère, celle de ses camarades est bien plus grande encore, surtout lorsque la mère, ce qui est le cas ici a des vues qui sont en opposition avec le milieu social tout entier.

Si la mère est instruite, elle servira de professeur à sa fille ; si elle est riche, elle fera venir un professeur chez elle, et ce sera un homme, pas une femme. Le professeur laisse toujours un peu de lui-même dans son enseignement ; l'homme, il est vrai, méprisera cette petite élève qui ne devra être qu'une femme, c'est-à-dire à ses yeux, un être inférieur, mais le mépris, pas plus que l'admiration, n'est une attitude stable ; la plupart du temps, le professeur oubliera le sexe de l'enfant assise devant lui, il ne verra qu'une élève et, qu'il le veuille ou non, son enseignement revêtira un caractère viril.2 Une institutrice ferait de la petite fille l'esclave qu'elle est en elle-même ; à tout instant, sans même avoir conscience, elle tiendra à son élève des propos de servitude.

De plus, informée des idées de la mère, elle ne manquera pas, consciemment, cette fois, de les contrecarrer, dans une horreur de la singularité qui serait certainement plus forte que son intérêt matériel de conserver sa place.

Si la mère est pauvre et insuffisamment instruite, force lui sera bien d'envoyer sa fille au lycée ou à l'école ; elle se résignera à un résultat problématique et elle atténuera autant que possible les mauvais effets de l'éducation politique en proscrivant la fréquentation des condisciples en dehors des heures de classe. Cette proscription, mieux vaudra ne pas l'imposer d'autorité. On expliquera à l'enfant que l'on craint pour elle les mauvais exemples et on compensera la privation de camarades par des jouets plus beaux, des promenades, des voyages si on est assez aisé pour en faire la dépense. On pourra d'ailleurs permettre la fréquentation des petits garçons, qui sera facilitée si la petite fille a un frère.

Lorsqu'on assistera aux jeux d'enfants, on remarquera que, en maintes occasions, les garçons, même ses frères, humilieront la petite fille, sur l'infériorité du sexe féminin : « Les femmes, cela ne sert à rien » ; « Les femmes ne sont pas soldats » ; « Tu ne sais pas faire la culbute, on voit bien que tu n'es qu'une fille ». Parfois, le sexe fort, au lieu de vouloir humilier, voudra s'excuser, mais l'effet sera tout aussi mauvais. « Évidemment, cette culbute est mal faite, mais pour une fille, c'est déjà très bien ».

Il faudra que la mère ne se lasse jamais d'intervenir en de telles occurrences. Si le coupable est son propre fils, elle lui expliquera pourquoi l'opinion commune a tort ; s'il a voulu vexer sa sœur, elle lui fera honte de son manque de cœur, de l'abus fait par lui d'une force qu'il n'a pas eu le mérite d'acquérir, mais que la société lui a donné en la seule raison de son sexe ; ensuite, elle le punira sévèrement. Si l'enfant est étranger à la famille, la mère lui donnera les mêmes explications, après quoi, elle le chassera pour un temps de la maison.

La mère, au reste, ne se bornera pas à défendre sa fille, elle lui apprendra surtout à se défendre elle-même. Elle lui dira quelles réponses il faut faire et si, pour venger avec son honneur propre l'honneur du sexe, l'enfant administre quelques taloches aux antiféministes en herbe, loin de la blâmer, elle la félicitera.

En thèse générale, on doit s'abstenir de protéger sa fille contre les autres enfants ; il faut l'habituer à se défendre elle-même et à rendre coup pour coup. Les éducateurs s'inspirent ici, surtout vis-à-vis des petites filles, d'une morale de la passivité ; lorsqu'il y a échanges de gifles, ils punissent celle qui se défend autant que celle qui attaque.

Faibles déjà par nature, les femmes sont, par suite de cette éducation stupide, privées même de l'instinct de défense personnelle qui nous porte, avant toute réflexion, à riposter quand on nous attaque. L'éducatrice féministe, ici encore, prendra le contre-pied de la tradition ; elle habituera sa fille à se défendre seule et lorsqu'elle aura le dessous, loi de la plaindre, elle affectera de la mépriser.

La mère veillera aussi à ce que le frère ne tente pas, imitant ce qu'il aura vu faire ailleurs, de se poser en protecteur de sa sœur ; et, réciproquement, elle contrecarrerait, si besoin était, les tendances de sa fille à se mettre sous la protection de son frère. Si le garçon est coupable, on analysera pour lui le sentiment qui le porte à offrir sa protection et on lui montrera à sa base non pas l'altruisme, mais l'orgueil égoïste. Si c'est la fille qui sollicité la protection, on lui fera honte de sa faiblesse ; on affectera vis-à-vis d'elle un grand mépris ; on lui donnera des aliments et des habits grossiers, comme à un être inférieur.

La mère initiera la fille, et son garçon si elle en a un, aux travaux du ménage ; il faut prévoir qu'on pourra être pauvre et obligé de se servir soi-même. L'enfant apprendra donc à balayer, à frotter, à se faire une élémentaire cuisine, à raccommoder tant bien que mal ses habits et son linge. Mais elle ne lui fera pas aimer ces travaux ; elle lui expliquera l'erreur de ceux qui mettent en eux le point d'honneur de la femme. On donnera le travail ménager pour ce qu'il vaut : une besogne inférieure, ennuyeuse mais indispensable à ce qui n'est pas favorisé par la fortune. Par contre, on se gardera d'enseigner le tricot, le crochet, la dentelle et la broderie. Si on a de l'argent, on peut facilement se procurer tous faits ces objets à la confection desquels les femmes passent durant leur vie des milliers d'heures à s'abêtir. Si on est par trop pauvre pour les acheter, on peut parfaitement s'en passer. Quoi de plus stupide que les femmes qui, au lieu de prendre un livre, une revue ou un journal, passent des journées sur une garniture de mouchoir.

Dans la couture même, la mère n'enseignera que l'indispensable : coudre un bouton, boucher un trou, faire un ourlet. Point n'est pas besoin d'appendre aux enfants à confectionner leur linge. Aujourd'hui, grâce aux machines, le linge tout fait ne revient plus aussi cher que celui que l'on fait soi-même. Peut-être, est-il moins solide, mais à un gain infime, on préférera le temps de sa fille, temps qu'elle passera beaucoup plus utilement à lire ou à faire de la musique qu'à mettre des points les uns aux bouts des autres. La couture est un des grands facteurs de l'infériorité intellectuelle des femmes. Ceux qui la vantent et déprécient, sous prétexte de mauvaise qualité, les lingeries toutes faites, sont toujours, qu'ils le proclament ou s'en défendent, des réacteurs ; ils n'ont d'autre but que de maintenir la femme dans la servitude traditionnelle.

D'ailleurs, comme je le dis plus haut, ce travail ménager, on l'enseignera à son fils si on en a un. Comme sa sœur, il apprendra à balayer, à cuisiner, à coudre. On lui dira comment il est tout aussi erroné de croire ces travaux déshonorants pour les hommes qu'honorables pour les femmes. Ils ne constituent ni un honneur ni un déshonneur ; ils sont seulement indispensables à qui n'a pas les moyens de se faire servir. 3

J'ai connu des féministes militantes qui, tout en revendiquant dans leurs discours et leurs écrits l'égalité des sexes, faisaient de leur fille la servante de son frère. Très sincèrement, elles manquaient de sincérité. Je ne me cache pas, et je l'ai dit au début de ce travail, que l'application de l'éducation féministe telle que nous la préconisons est remplie de difficultés, mais il est des choses essentielles sur lesquelles l'hésitation n'est pas permise : une mère qui fait cirer les chaussures de son garçon par sa fille n'est pas une féministe.

La petite fille, nous l'avons dit, jouera de préférence avec les petits garçons, aux jeux violents, tels que la guerre, les voleurs, tous les jeux où il faut courir. Si elle se trouve avec des enfants de son sexe, on proscrira les jeux sédentaires comme la mère, la maîtresse de maison, etc. Tout en montrant beaucoup d'affection à sa fille, la mère féministe évitera les caresses, les baisers trop fréquemment répétés, car cela incite à la mollesse. Il faut dresser sa fille de telle sorte qu'elle puisse au besoin, plus tard, se passer de l'affection des autres. La sexualité mise à part, le besoin d'être aimées fait supporter aux femmes les pires des humiliations ; elles abdiquent toute dignité, se font exploiter de mille manières par des gens qui lui jouent la comédie de l'affection. Souvent même, de cette comédie, elles ne sont pas dupes, néanmoins, elles feignent de l'être pour avoir au moins l'illusion de l'amitié qu'elle préfèrent encore à l'isolement moral. D'ailleurs, le plus souvent, à force d'être prodigués, les gestes de l'amitié perdent toute signification. Il est des femmes qui s'embrassent comme on se serre la main, cela ne les empêche pas de s'entre-déchirer.

On donnera des habitudes d'énergie. Si l'enfant est bien portante, on lui administrera, chaque matin, en toute saison, une ablution froide, on évitera de l'habiller trop chaudement. Tout en lui laissant manger à sa faim, on proscrira la gourmandise. On fera en sorte qu'elle mette son point d'honneur à renoncer aux sucreries.

Toutefois, on se gardera bien de tomber dans l'erreur de ces éducateurs qui croient devoir multiplier les règles autour de l'enfant : ils ne font qu'attrister sa vie sans résultat. Il n'est pas du tout indispensable de forcer les enfants à se coucher aussitôt le dîner terminé. Je me souviens de la peine que j'avais lorsque ma mère m'obligeait à me coucher à 8 heures, dans les longues journées d'été. Il faisait encore jour et je ne me sentais nul besoin de dormir ; aussi, cette contrainte m'était-elle désagréable et, lorsque j'entendais les grandes personnes dire devant moi que l'enfance était le plus bel âge de la vie, je pensais que, sans doute, elles en avaient perdu le souvenir : un âge auquel on est privé de liberté, ne pouvant être, au contraire, que le pire.

En règle générale, on ne doit jamais contraindre inutilement les enfants. Il est des mères qui passent leur temps à prohiber surtout naturellement à leurs filles : « Ne va pas si loin », « Veux-tu fermer cette porte », « As-tu fini de sauter », « Tiens-toi donc droite », « Ne cours donc pas ainsi ». Souvent les mères font ces prohibitions sans raison aucune, uniquement pour passer le temps. Dans une très large mesure, l'enfant a droit à sa liberté, et du moment qu'il ne fait rien de préjudiciable, on doit le laisser agir à sa guise.

Il est un ordre de défense auquel j'ai déjà fait allusion et que doit absolument interdire la mère féministe ; c'est celle qui consiste à commander à la petite fille de baisser sa robe, lorsque la robe se relève au cours des ébats. La petite fille, je l'ai dit, doit avoir des pantalons fermés ; l'indépendance ne sera donc pas à craindre, on en profitera pour ne porter aucune attention à l'ordonnance de la jupe.

Ces injonctions constantes, en effet, suscitent en la petite fille la honte d'elle-même. Elle se dit qu'elle a quelque chose de déshonorant à cacher et que les garçons eux n'en ont pas. C'est là, certainement, une des sources du mépris que les femmes ont de leur sexe. Il est bon que les organes inférieurs soient voilés, mais ces organes ne sont pas plus déshonorants dans un sexe que dans l'autre et la femme n'a pas à en avoir honte.

La sensibilité ne devra pas nécessairement être bannie : elle est une marque de supériorité intellectuelle mais on en réprimera les manifestations extérieures. La mère habituera sa fille à retenir ses larmes, elle lui fera une honte de pleurer. Lorsque l'enfant aura atteint la douzième année, âge où on commence à comprendre, elle lui montrera quelle source de chagrin est la sensibilité qui inférioriseise l'individu dans la lutte pour la vie, en faisant de lui la dupe de ceux qui ne sont pas sensibles. Elle commencera à lui montrer la vie telle qu'elle est, c'est-à-dire comme un champ clos et on l'incitera à s'armer d'énergie pour en sortir victorieuse. La mère habituera l'enfant à supporter la douleur physique. Si la petite fille pleure parce qu'elle s'est cognée, elle lui fera honte de sa faiblesse. L'application de révulsifs dans les bronchites légères sera l'occasion d'infliger à l'enfant une douleur qu'on l'incitera à supporter avec courage. L'âge tendre franchi, on ne craindra pas d'infliger, toute idée de punition écartée, de légères douleurs qu'on encouragera l'enfant à subir sans plainte : on tordra un doigt pendant quelques secondes, on fera tenir les deux pôles d'une pile électrique et on fera passer un léger courant.

Mais de cette énergie physique, la petite fille n'en fera pas parade. Ici, on n'imitera pas le sexe fort : Rodomont est anti-esthétique dans un sexe comme dans l'autre. Il ne faut pas mettre au premier plan la valeur physique qui, toujours, doit passer après la valeur intellectuelle.

La valeur physique n'est que l'instrument nécessaire à la défense personnelle ; il n'y a jamais lieu de la faire voir quand on n'est pas menacé.

Rabelais apprenait à son élève Pantagruel à nager en profonde eau. Notre petite fille devra recevoir une éducation physique. Si on a les moyens, on lui fera apprendre tous les exercices du corps : gymnastique, escrime, cheval, bicyclette, natation, etc. Si on est pauvre, force sera évidemment de borner son ambition à cet égard. On se procurera des haltères et on fera exécuter à l'enfant quelques mouvements, tous les jours, on profitera des cours publics d'escrime, des piscines gratuites pour la natation.

C'est une erreur de croire, avec certaines féministes que, par la gymnastique, les femmes peuvent égaler les hommes en force musculaire. Si cette égalité pouvait être obtenue, ce ne saurait être qu'après une longue suite de générations. Mais il est certain que, dans une mesure sensible, la grande infériorité des femmes à cet égard tient à leur genre de vie. L'homme, alors même qu'il ne fait pas d'exercices de corps, exerce ses muscles beaucoup plus que la femme. En modifiant son genre de vie, la femme deviendra certainement, non pas aussi vigoureuse que l'homme, mais beaucoup plus vigoureuse qu'elle ne l'est.

Le sport est très en honneur dans l'éducation des garçons ; il l'est même beaucoup trop car il tend à faire prendre la force musculaire le pas sur l'intelligence, ce qui est un très grand mal. Nombre de jeunes gens ne rêvent aujourd'hui que match et championnat ; ils se passionnent pour des combats de boxe et, certainement, la gloire d'un grand boxeur troublerait plutôt leur sommeil que celle d'un grand savant.

Mais la mère féministe ne doit pas craindre pour sa fille ces mauvais effets de la culture physique, car elle ne trouvera guère l'emploi des connaissances qu'elle aura acquises en cette matière. Ici, comme pour le caractère, il ne faut pas craindre de trop viriliser, le milieu devant se charger de féminiser et beaucoup plus qu'il ne le faudrait.

Les livres seront choisis avec soin. Je ne parle pas ici des livres d'enseignement proprement dit qui trouveront leur place dans notre chapitre sur l'éducation intellectuelle. Durant les premières années, force sera de donner de petits contes. On prendra ceux qui sont tirés des chefs-d'œuvre de la littérature française et étrangère. Don Quichotte, Guillaume Tell ; on proscrira les histoires attendrissantes de petites filles dévouées à leur mère malade ; on évitera Cendrillon qui exalte la coquetterie et enseigne qu'il n'y a pas au monde, pour une jeune fille, de plaisir supérieur à celui d'aller au bal magnifiquement parée .

On ne fera pas lire Barbe-Bleue où l'homme est un maître terrible de la femme. Évidemment Barbe Bleue n'est pas le personnage sympathique du conte, la sympathie va à sa malheureuse épouse. Mais, quand même, il n'est pas bon de faire lire à la petite fille dont on veut faire une féministe, des contes où la femme tremble devant son mari. On aurait tort, en outre, de s'imaginer que ces contes n'ont aucune importance éducative et ne servent qu'à amuser les petits enfants. Tout ce qui pénètre, par nos sens, en notre esprit contribue à notre éducation, les ouvrages d'amusement y contribuent autant que les œuvres didactiques ou les leçons. En lisant Barbe-Bleue , la petite fille se représente l'homme comme un être méchant, mais infiniment fort, à qui la femme doit obéir à moins de perdre la vie. Je sais bien qu'on ne manquera pas d'expliquer qu'il s'agit d'un conte sans aucune espèce de réalité, mais l'impression n'en aura pas moins été produite, et mieux ne vaut pas produire une mauvaise impression que d'avoir à la corriger par la suite.

On comprend que je ne saurais passer en revue tous les livres d'enfants ; ce sera à la mère d'en faire une sélection. La sélection sera difficile car les gens qui écrivent ces livres sont imprégnés de la pensée courante, laquelle postule l'infériorité de la femme, la limitation de son activité à la famille et sa subordination au mari.

On peut même dire qu'on ne trouvera pas ou presque pas de livres d'enfants où la femme agit en égale de l'homme. On devra donc abandonner tous les livres où le personnage principal est une femme ou une petite fille. Dans l'histoire de Guillaume Tell, il y a bien des personnages féminins, mais ils sont de second plan, l'attention de la petite fille sera moins attirée par eux, parce qu'elle ira au personnage principal qui est un modèle d'énergie. Plus tard, on fera lire Jules Verne qui sera excellent pour viriliser le caractère des petites filles ; on leur donnera aussi Plutarque.

Avec raison, l'Eglise catholique a institué des saints, morts dont la vie exemplaire est proposée à l'admiration et à l'imitation des fidèles. L'athée doit aussi avoir ses saints, mais, bien entendu, ils ne seront pas ceux de l'Eglise. C'est surtout dès l'enfance que la biographie des grands morts est utile à lire et à méditer. La maturité de la vie venue, nos illusions s'en vont une à une et, après les vivants, les morts aussi nous désenchantent. Capables alors de les connaître dans toute leur humanité, nous ne les admirons plus autant et, quant à imiter ce qu'ils ont de grand et de beau, la conviction que nous avons acquise de la vanité de tout perfectionnement moral ne nous y porte guère.

Mais, dans l'enfance, heureusement, le manque d'expérience fait que nous sommes susceptibles d'admirer et d'imiter ; il faut donc que l'éducateur propose des modèles à ses élèves. Qui choisir parmi les morts illustres, ce sera à l'éducatrice de le décider, car son choix dépend naturellement de ses opinions et de ses croyances. Comme indication générale, je dirai seulement que l'on doit choisir les grands idéalistes et les grands énergiques.

Jeanne d'Arc, tout d'abord, est indiquée, il s'agit de l'éducation des filles et par l'identité du sexe, le modèle sera moins éloigné de l'enfant. En outre, le personnage de Jeanne d'Arc a la simplicité qui convient. Une jeune bergère réfléchit sur les malheurs de son pays ; elle décide de le sauver et y parvient malgré l'immensité des obstacles. Tout est donc possible, il suffit de savoir vouloir ; avec de la volonté, une pauvre bergère devient général en chef et repousse l'ennemi.

Il faut donner notre petite fille des croyances pareilles ; la vie les défera certes, mais durant les années où l'enfant les aura, son courage y gagner a d'autant.

Comme modèle intellectuel, on proposera Stuart Mill qui fut un enfant prodigieux. La vie de la mathématicienne Sophie Germain donnera des leçons de travail et de persévérance. Je n'hésiterai pas non plus à proposer Garibaldi comme modèle ; il fut un grand homme d'action et, en même temps, un homme idéal. Son âme avait la netteté et la simplicité qui convient aux âmes jeunes. Il y a aussi parmi les héros de la première Révolution, bien des professeurs d'énergie qui valent Garibaldi, mais ce sont des êtres trop complexes ; ils ne seraient pas compris, ce sont les maîtres de l'âge mûr, non de l'enfance.

Quels mobiles utiliser en éducation ? Cette question est du ressort de la pédagogie générale, néanmoins, bien que notre sujet soit plus restreint, nous ne croyons pas inutile de la discuter.

Les mobiles universels de l'éducation sont simples ; ils s'appliquent à tous les êtres humains que l'on se propose d'éduquer, aux adultes comme aux enfants ; ils s'appliquent même aux animaux, ce sont la récompense et le châtiment.

Les gens d'opinions avancées pensent que ces mobiles doivent être abandonnés, parce que grossiers et autoritaires. Pourquoi, disent-ils, vouloir imposer aux enfants un travail qui les fatigue et les ennuie, ne vaudrait-il pas mieux rendre les études attrayantes ? Si le travail devient un plaisir, l'enfant s'y adonnera de lui-même, point ne sera besoin de l'y contraindre. A-t-on, au reste, le droit de contraindre, continuent ces logiciens, les enfants sont des êtres humains ; est-ce parce qu'ils sont faibles qu'on utilise d'autorité vis-à-vis d'eux ? Mais alors, cette autorité n'est qu'abus de la force . Tout aussi condamnable que les châtiments sont, pour eux, les récompenses. C'est, a-t-on dit, avilir le caractère des enfants que de proposer un objet matériel à leur ambition. Le travail a sa récompense en lui-même dans le sentiment qu'il nous donne du devoir accompli.

Les pédagogues d'opinion avancée se sont élevés aussi contre l'émulation suscitée par les compositions et les notes ; elles portent, ont-ils dit, à l'égoïsme et à l'orgueil : l'enfant doit travailler pour lui-même et non pas pour primer son camarade.

Il y a du bon, certes, dans toutes ces idées, mais elles ont le défaut de s'appliquer à une supra-humanité et non à l'humanité telle qu'elle est. Tous grossiers soient-ils, les châtiments, les récompenses, les compositions constituent des moyens tellement puissants d'éducation qu'ils ne sont, on peut le dire, pas remplaçables.

D'abord, le classement des élèves, les distributions de prix donnent de grandes joies aux enfants qui y trouvent la récompense de leurs efforts. Dans les classes populaires, les distributions de prix sont des époques dans la vie de l'enfant. Dans la bourgeoisie, le Concours général où les premiers personnages du pays viennent applaudir aux succès de l'écolier était aussi une date. Le classement des élèves passionne les premiers sujets de la classe ; il est des enfants qui perdent le sommeil 4dans leur espoir de conquérir la première place ou dans l'angoisse de la perdre.

Perdre le sommeil, il est vrai, est anti-hygiénique et les contempteurs de l'émulation en pédagogie ne manqueront pas d'objecter que c'est précisément parce que les compositions excitent par trop les nerfs des écoliers qu'ils les proscrivent. Ils auront tort, car en portant par trop leur attention sur le physique de leurs élèves, ils oublient le moral et ses réactions sur le physique lui-même. Dans une pièce5, M. Donnay reproche à la première communion de troubler la menstruation des petites filles.

De telles objections seraient capables, contrairement au but de l'auteur, de ramener à la religion, en faisant admettre que les gens sans religion sont uniquement préoccupés des fonctions animales.

Rien d'ailleurs ne permet d'affirmer que l'absence d'émotion soit la condition d'une bonne santé physique. Si cela était vrai, les désoeuvrés seraient les gens les mieux portants et nous voyons au contraire qu'ils sont la proie de mille maux tant réels qu'imaginaires. L'émotion, lorsqu'elle n'est pas trop forte est un besoin de notre nature ; elle est même, dans certains cas, un besoin tellement impérieux que la vie semble ne plus être d'aucun prix sans elle.

Les moyens classiques d'éducation étaient une source d'émotions fortes et saines ; que vient-on apporter à leur place un sec sentiment du devoir accompli. Encore si ce sentiment suffisait à déterminer l'enfant à faire les efforts nécessaires pour apprendre, mais il est très loin d'en être aussi. On a cité, il est vrai, des exemples de très beaux résultats accomplis sous sa seule influence, mais ces exemples sont tous pris dans des milieux très cultivés où les parents se donnent beaucoup de peine pour l'éducation de leurs enfants. Il y a don lieu de penser que beaucoup plus que le sentiment du devoir agit, dans ce cas, la pression continuelle exercée sur l'enfant. Lorsque l'enfant est livré à lui-même et qu'on lui laisse la liberté de travailler ou de ne rien faire, le sentiment du devoir ne l'influence pas beaucoup.

On doit, certes, faire tout son possible pour rendre les études attrayantes. Si, à la place d'un effort pénible, on peut mettre un plaisir, il ne faut pas y manquer. Un livre lu avec plaisir sera plus vite et bien mieux retenu qu'un livre lu avec ennui. Mais, de là à croire que les études peuvent être transformées en amusement, il y a toute la distance qui sépare la réalité de l'utopie. Quelque effort qu'on y fasse, l'étude restera toujours un travail et le fait seul d'être régulière et méthodique lui enlève aux yeux de l'enfant tout caractère de récréation. Pour n'en donner qu'un seul exemple, il suffit de rappeler que les enfants qui, cependant, aiment tant à courir et à sauter, ne voient plus qu'une étude dans la gymnastique. La gymnastique comporte cependant des mouvements, mais les mouvements sont ordonnés, cela suffit pour leur faire perdre leur agrément.

Il est donc erroné de vouloir raffiner sur les sentiments en matière d'éducation. En pédagogie, comme en bien d'autres questions, le bon moyens, c'est celui qui réussit et le mauvais, celui qui échoue. Certes, il faut inculquer aux enfants l'amour de l'étude pour elle-même, mais cela n'empêche pas de stimuler aussi leur émulation en se servant de l'amour naturel de l'éloge et, au fond, ceux qui combattent ce moyen pédagogique sont guidés, qu'ils en aient ou non conscience, par une idée religieuse : ils veulent lutter contre le péché d'orgueil.

Or, si l'orgueil est un péché selon la religion, il n'est pas un défaut selon une morale raisonnable et il n'y a aucune nécessité de le déraciner du cœur de l'enfant. Exagéré, l'orgueil nous rend insupportable aux autres, mais c'est un grand stimulant de l'énergie et le grand consolateur au cours des déboires de la vie ? Qui croira en nous, si nous n'y croyons pas nous-même ? Extirper l'orgueil, c'est désarmer le soldat avant de l'envoyer au combat.

Si on peut éviter de punir, on fera bien ; mieux vaut s'adresser à l'amour-propre qu'à la crainte. La féministe tâchera de faire comprendre à sa fille les raisons du travail ; elle maniera avec sagacité l'éloge et le blâme, fera appel au sentiment d'honneur. Mais si ces moyens ne suffisent pas, elle n'hésitera pas à recourir aux châtiments, même corporels. Ces derniers, cependant, ne devront être infligés qu'en dernier ressort : il ne faut pas oublier que l'on s'habitue à tout et que, infligés trop souvent, les coups n'inspirent plus une crainte suffisante.

Un homme politique de ma connaissance avait un fils, véritable cancre, qui rapportait du lycée les notes les plus déplorables. Exhortations, menaces, rien ne pouvait le déterminer à apprendre ses leçons. Un soir qu'il rentrait avec le zéro ordinaire, le père, sans manifester la moindre colère, lui ordonna de se dépouiller de ses moindres vêtements. L'enfant ayant obtempéré, il le fit coucher sur le ventre et froidement, méthodiquement, comme s'il lui eut administré une douche, il le frappa de vingt coups de jonc sur le dos, après quoi, il l'avertit : « Il en sera ainsi chaque fois que tu ne sauras pas tes leçons ». L'enfant était un paresseux déterminé et son père du lui administrer le même traitement pendant huit jours, mais le neuvième jour, les leçons étaient sues et elles le furent désormais.

La mère féministe s'inspirera de cet exemple. Il est très mauvais de se mettre ou même seulement de paraître en colère lorsqu'on punit. L'enfant se rend parfaitement compte de l'état anormal de son éducateur et il associe le châtiment à cet état. Or, ce n'est pas à celui qui frappe, mais à la faute que la peine doit être associée ; l'éducateur doit apparaître seulement comme un instrument. On convaincra l'enfant que, si on le punit, c'est contraint et forcé par la faute commise.

On fera en sorte, de plus, que les coups soient envisagés par l'enfant comme un simple traitement de la faute ; on leur enlèvera tout caractère d'humiliation. En humiliant l'enfant, on le porte à voir dans les coups un abus de force exercé sur sa faiblesse ; il prend alors en aversion l'éducateur et ne songe pas à s'amender.

Il faudra se garder de punir hors de propos. Pour ne rien perdre de son efficacité, le châtiment ne doit s'appliquer qu'en cas de faute bien caractérisée. La plupart des mères punissent et frappent leurs enfants à tort et à travers ; elles vengent sur eux les affronts reçus, souvent même elles frappent l'enfant pour calmer leurs nerfs. L'enfant a t-il un peu flâné au sortir de l'école, une gifle ; a t-il cassé par mégarde une pièce de vaisselle, sali son tablier, répandu de l'eau sur le parquet, une correction. J'ose espérer que les mères féministes ne tomberont pas dans ces erreurs. Pour les simples maladresses, la réprimande doit suffire : il faut garder les punitions pour les vraies fautes.

Autant que possible, la mère féministe s'abstiendra t-elle de vaines menaces. Les gens du midi, qui ont l'exagération facile, menacent leurs enfants à la moindre peccadille de leur ouvrir le ventre, de leur arracher les intestins, de leur casser les reins, etc. L'enfant naturellement est fort peu affecté de ces effroyables éventualités.

Si nous voulons avoir de l'influence sur notre élève, il faut qu'il nous respecte et il nous respectera d'autant plus que nous saurons mieux nous contenir. En matière de punition comme en matière de récompense, il faut ne promettre que ce qu'on sait pouvoir tenir et il faut tenir ce que l'on promet.

Un des points fondamentaux de l'éducation du caractère, le point fondamental, c'est la lutte contre la peur. Le courage ne se donne pas, c'est une qualité naturelle et peut-être même la pusillanimité est-elle une marque de supériorité intellectuelle. Chez les peuples primitifs, le courage est très commun ; l'homme simple va au péril sans réfléchir, animé seulement par le mobile du moment : devoir ou volonté de puissance. La peur conditionne une imagination très développée qui représente en les amplifiant les dangers à courir. Mais l'homme ne vit pas seul ; aussi, tout en travaillant à s'élever intellectuellement, il lui faut songer à se défendre, or, le courage est la meilleure des armes dans la lutte pour la vie.

De cette arme nul n'en a plus besoin que les femmes. L'éducation courante cependant, loin de le susciter en elles, le combat comme ne convenant pas à la grâce du sexe. Le résultat, naturellement, c'est que la femme, incapable de se défendre elle-même, cherche un défenseur et souvent elle ne trouve qu'un exploiteur.

L'éducation, nous l'avons dit, ne peut pas créer de toutes pièces le courage là où il n'existe pas, mais il peut corriger la peur dans une mesure très appréciable. D'abord on s'appliquera à analyser tout ce qui se présente à première vue comme dangereux, cela permettra d'éliminer les dangers imaginaires qui ne susciteront plus de crainte. On expliquera à l'enfant qu'une souris, un rat même, une araignée, petits animaux qui ne demandent qu'à fuir l'homme ne sont pas à craindre. Par la raison également, on détruira la peur de l'obscurité qui est, on peut dire, générale chez les enfants. La crainte du tonnerre sera également éliminée en expliquant à l'enfant que les cas de mort par fulguration sont très rares, surtout dans les villes. Bien entendu, il faudra s'abstenir de commenter devant l'enfant les faits-divers des journaux. Je me rappelle la crainte que j'éprouvais étant enfant lorsque, après avoir entendu la lecture, avec force détails, d'un assassinat, je devais monter ou descendre le soir l'escalier qui n'était pas éclairé ; il y avait entre le rez-de-chaussée et le premier une sorte de logette où un boutiquier mettait ses volets ; je m'imaginais toutes sortes d'assassins cachés là, prêts à bondir sur moi et à m'ouvrir le ventre comme on avait fait à la femme du journal.

La raison seule, cependant ne suffirait pas à vaincre la peur ; on fera donc agir le sentiment en exprimant une grande admiration du courage et un mépris égal de la pusillanimité.

Mais l'antidote le plus efficace de la peur, c'est l'habitude du danger. Le conducteur de locomotive ne pense jamais aux déraillements, l'anatomiste qui dissèque tous les jours ne pense pas aux piqûres dangereuses. On arrangera donc des dangers apparents auxquels on exposera l'enfant : on la conduira par exemple aux Waterchute, aux Montagnes russes, à toutes les attractions basées sur le péril simulé. Les exercices physiques, au reste, tels que l'escrime, le pistolet, la natation, l'équitation, la boxe seront d'excellents éducateurs du courage et de l'endurance.

En même temps que le courage, il faudra stimuler l'initiative. Certaines mères couvent avec sollicitude leur garçon, mais elles sont l'exception, la majorité se conforme à la tradition qui ordonne de laisser au garçon sa liberté. Mais, pour les filles, les ordres de la société étant contraires, les mères en profitent pour les couver avec une sollicitude aussi constante qu'elle est néfaste. La société donne au jeune homme toutes les facilités pour se tirer d'affaire, à la jeune fille, au contraire, presque tout est fermé. Que sera-ce alors si, en entrant dans la vie, aux impedimenta extérieurs, s'ajoutent ceux qui découlent de sa timidité et de son inexpérience ?

L'éducation de l'initiative est toute d'abstention : elle consiste à mettre l'enfant en présence des difficultés et à refuser de l'y diriger. Une première leçon d'initiative consistera à ne pas accompagner l'enfant à l'école. Après l'avoir prémunie contre les dangers de la rue, on la laissera aller. Il sera bon également, dès l'âge de huit ans, d'habituer l'enfant à prendre seule l'omnibus, à aller seule dans un cinématographe pas très éloigné de la maison. Un peu plus tard, on lui fera faire de courts voyages en chemin de fer, on l'enverra prendre un repas dans un restaurant. Tous ces menus actes où l'enfant apprendra à se procurer par le seul secours de l'argent qu'elle aura en poche ce dont elle a besoin, développeront en elle, en même temps que l'initiative, le sens de la responsabilité. Vers l'âge de treize ans, on lui fera faire seule de petits voyages à pied ou à bicyclette dans la campagne, pour lesquels on l'habituera à trouver son chemin en se servant d'une carte. Il sera alors indispensable d'habiller l'enfant en garçon et de la munir d'un revolver dont, naturellement, elle aura appris à se servir.

On prêche d'ordinaire à la petite fille la modestie, c'est dans l'ordre : devant être subordonnée à l'homme, il ne faudrait pas que la jeune personne prît d'elle-même une conception trop haute. Mais nous qui entendons que notre enfant devienne une femme indépendante, nous ne pencherons pas du côté de l'humilité. Un orgueil par trop disproportionné est nuisible, nous rendant antipathique aux autres. Mais il faut apprendre à l'enfant à s'apprécier et à se faire apprécier à sa valeur. On l'habituera à tenir la tête haute, le corps droit, à regarder les autres bien en face, et à dire franchement son opinion sans s'inquiéter de l'appréciation de son ou de ses interlocuteurs.

La timidité comme la crainte est assez souvent l'effet de la supériorité intellectuelle ; le sot doute rarement de lui-même, l'être intelligent, au contraire, en doute souvent ; mais comme la crainte, la timidité désarme l'individu. On apprendra à la jeune fille de ne pas extérioriser une hésitation intérieure au sujet de la valeur de son savoir ou de son opinion, et à parler haut comme si elle était sûre d'elle-même. En face de soi, on n'a guère que des ennemis et, à l'ennemi, il est de bonne tactique de cacher ses faiblesses.

Chapitre III. L'éducation intellectuelle

Jusqu'ici les auteurs qui se sont occupés de l'éducation intellectuelle des filles ne se sont guère appliqués qu'à la restreindre. Je me souviens que M. Marion, un professeur de pédagogie à la Faculté des Lettres de Paris, disait encore il y a une douzaine d'années que l'idée directrice des lycées de filles était qu'ils ne devaient mener à aucune carrière. Anatole France, dans le Crime de Sylvestre Bonnard, roman où il est question de l'éducation d'une fille, met autour de l'enfant beaucoup de fleurs, mais, de la formation de son esprit, il n'en est guère question.

Herbert Spencer lui-même, si grand penseur à bien des égards, a partagé sur l'éducation intellectuelle des filles les communs errements, il ne leur concède guère que le droit d'apprendre à cuisiner et à plaire. 6

La grande préoccupation de toujours a été d'enfermer la femme. Les barbares l'enfermaient matériellement entre des murs ; les modernes l'enferment dans tout un système d'entraves légales et traditionnelles et, pour qu'elle n'ait pas la tentation de s'évader, on s'applique, dès le jeune âge, à enfermer son esprit : une femme en sait toujours assez, dit un vieil et vivant adage.

Bien des progrès ont été faits au cours des vingt dernières années : les Facultés de sont l'une après l'autre ouvertes aux femmes, mais on ne fait guère plus que de les y tolérer. L'enseignement secondaire des jeunes filles continue de ne mener à rien, comme le voulait M. Marion, aussi les jeunes filles qui désirent conquérir leur baccalauréat doivent-elles se rabattre sur des cours particuliers, organisés vaille que vaille. Naturellement, la majorité renonce ; seules persistent les jeunes filles de la bourgeoisie moyenne auxquelles leurs parents veulent assurer une situation honorable au cas où, faute d'une dot suffisante, ils ne trouveraient pas à les marier.

Il y a là un progrès évidemment. Autrefois, la fille qui ne trouvait pas à se marier restait à la charge de ses parents, vieille demoiselle aux affectations juvéniles, à l'esprit réellement enfantin, minaudière, précieuse en même temps qu'acariâtre, langue exécrable. Pour occuper les longues heures de sa vie sans but, elle n'avait guère que la religion ; affiliée aux enfants de Marie, elle portait la bannière aux fêtes carillonnées, assistait à tous les offices, les potins de sacristie alimentaient son esprit, un amour caché pour le jeune et beau vicaire consumait son cœur. Aujourd'hui, elle fait une carrière, c'est plus lucratif et c'est plus sain. Mais la vie sociale n'est encore conçue par bien des femmes que comme un pis-aller, faute d'une vie conjugale ; aussi l'accès des carrières n'est-il qu'entrouvert, les hommes gardant jalousement pour eux les places intéressantes et lucratives, celles où l'on peut s 'élever très haut. Aux femmes, ils jettent les humbles situations sans avenir, où l'on n'a en perspective qu'un travail monotone de scribe pour assurer une existence éternellement médiocre et grise.

De cette situation, les femmes se contentent7, pensant que c'est déjà bien beau que les hommes aient consenti à leur faire une part dans les petites places. Humbles fonctionnaires, courbées bien bas devant leurs chefs, courbées même devant leurs égaux de l'autre sexe, grands électeurs du député de la circonscription, elles vont trotte-menu se verrouiller, la journée terminée, dans leur modeste logement. Là, à la lueur d'une lampe économiquement baissée, elles cuisinent quelques sous de légumes, ravaudent leurs hardes ou lisent quelque feuilleton. À leur porte, peut sonner qui voudra : elles ne bougent pas. La nuit est venue, songez donc, ouvrir sa porte serait de la plus grande imprudence…avec les crimes qui se commettent !

Beaucoup se marient, mais comme l'homme fait prime sur le marché matrimonial ; leurs époux sont presque toujours inférieurs à elles. Alors le logement s'agrandit un peu et on monte la mèche de la lampe ; la porte n'est plus verrouillée, sans hésitation elle s'ouvre et la fonctionnaire correcte de la journée apparaît en tablier bleu, humble ménagère du maître de céans, un ouvrier grossier, parfois brutal, qui l'accable de maternités successives.

Pas plus pour la femme que pour l'homme, l'instruction ne doit être un pis-aller ou un en-cas ; quel que soit son sexe, l'individu a droit aux lumières intellectuelles, au plein épanouissement de son esprit. On ne donne jamais assez d'instruction : ce n'est pas au maître à fixer à son élève la limite à ne pas dépasser, c'est à l'élève lui-même dont l'intelligence s'arrêtera devant les problèmes qui la dépassent. La féministe poussera donc l'instruction de sa fille aussi loin que possible.

Si l'enfant va au lycée ou à l'école, la mère devra compléter l'enseignement ; les institutions primaires et surtout secondaires de jeunes filles sont très inférieures à celles des garçons. Le lycée de filles est en progrès sur le couvent, mais pas beaucoup. Au lieu et place de la philosophie, on n'enseigne aux jeunes filles qu'une morale sans analyse et une psychologie de salon. Les mathématiques, les sciences sont poussées beaucoup moins loin. La mère parfera donc, soit par elle-même, si elle en est capable, soit par des professeurs ou des cours cet enseignement insuffisant. Si l'enfant va au lycée, on lui fera passer, à la place du diplôme de fin d'études qui ne mène qu'à l'enseignement, le baccalauréat qui ouvre la porte des Facultés.

Il faudra surveiller de près l'enseignement. Les sciences sont unes, et comme elles n'étudient que des faits et des lois naturelles, elles ne permettront pas de commentaires. On se bornera donc, en ce qui les concerne, à compléter le programme du lycée. Cependant, dans les lycées de filles, on passe volontiers vite sur les lois générales pour insister sur les applications ménagères ; par exemple, en chimie, à propos du chlore, de l'acide acétique, on insiste sur leurs usages domestiques. Cela n'a rien de mauvais en soi : il n'est pas préjudiciable de connaître les usages managers des produits chimiques, mais l'esprit de cet enseignement est évidemment pernicieux. La jeune fille, et c'est précisément ce que l'on veut, en tire la conclusion qu'elle n'a besoin de connaître que très peu de lois générales des sciences et beaucoup leurs applications ménagères, étant appelée seulement, puisque femme, à la direction d'un ménage.

Comme la fillette déjà grande alors pourra comprendre, on lui expliquera les défections de l'enseignement de ses professeurs.

Mais c'est surtout dans les lettres que le lycée est mauvais. Là, il n'est plus question des lois immuables de la nature, mais seulement des rapports des humains entre eux ; et, dans les romans, dans les compositions dramatiques, la femme a la première place. La jeune fille y puisera donc des idées sur ce qu'est la femme, ce qu'elle doit être, sur son rôle à l'égard de l'homme et dans la société ; et les héroïnes issues de l'imagination d'auteurs qui tous, on peut le dire, considèrent la femme comme un être inférieur, ne tendent rien moins qu'à rendre féministe l'élève qui l'étudie. Jeune fille, l'héroïne de roman, est un bien une Agnès aussi nulle que jolie, un être faible, sans volonté, sans personnalité, qui, victime des méchants, excite surtout la pitié, ou bien un être également faible, mais armé de ruse, qui n'arrive à ses fins que par la duplicité. Épouse et mère : l'héroïne de la littérature est un être monocorde dont l'amour, amour sexuel ou maternel est toute la vie.

Je ne l'ai pas encore embrassée d'aujourd'hui8i !

Aux intérêts supérieurs, naturellement, l'héroïne ne comprend rien. Horace perdrait son temps à expliquer à sa sœur Camille que le meurtre de Curiace était indispensable au salut de Rome ; du salut de Rome, Camille sen moque bien et elle le dit en une tirade enflammée. Elle ne comprend qu'une chose, c'est qu'on a tué son fiancé et, contre ceux qui ont accompli ce crime, elle ne sait éprouver que de la haine. Aussi, ne pouvant se faire comprendre, Horace le tue, et ma foi, il fait bien.

Ces caractères de femme, il faut bien le dire en toute justice, sont l'expression de la réalité. Ayant toujours été une esclave, la femme n'a nécessairement pas la mentalité d'un être libre. L'éducatrice féministe est donc obligée de faire étudier ces héroïnes à son élève ; elle ne saurait lui interdire la littérature tout entière, mais avec elle, l'étude ne serait pas asservissante parce qu'elle commenterait les ouvrages comme il convient. À propos de Camille, par exemple, elle montrerait combien une telle femme est digne de mépris qui voudrait que le monde entier tournât autour de ses épousailles.

La propagande féministe a porté ses fruits dans le monde des professeurs. Aujourd'hui, il en est un certain nombre qui, à l'occasion des matières du programme, glissent quelques idées d'affranchissement. Mais il ne faudra pas faire confiance au corps enseignant, car, étant à la fois femmes et fonctionnaires, les professeurs des lycées de filles ont deux raison d'être timorées. Par craintivité naturelle et aussi par peur des grands chefs, les maîtresses n'exposent à leurs élèves qu'un féminisme hésitant. Pour corriger un propos qui leur semble outrancier, elles feront tout un discours anti-féministe. Évidemment, la femme a droit à ceci, mais il ne faudrait pas qu'elle se croit permis cela, et telle autre chose encore. L'élève ne sait plus que penser et un tel enseignement a en outre le défaut de donner au caractère un tour craintif et hésitant, méprisable entre tous ; la jeune féministe doit savoir ce qu'elle pense et ne pas avoir peur de le dire.

Sur quelles matières faudra-t-il insister ? Les pédagogues ont écrit là-dessus nombre de livres. Les uns ont préconisé les mathématiques qui, disent-ils apprennent à raisonner, les autres les sciences qui donneraient à l'esprit des qualités de précision, les autres, les lettres et les humanités qui procureraient une culture plus brillante.

Penser ainsi, c'est méconnaître la réalité psychologique. Les mathématiques ne donnent pas plus par elles-mêmes de raisonnement que les sciences ne donnent de précision et les lettres de culture. La plupart du temps, ces matières sont ingérées par l'élève qui ne fait pas l'effort de les digérer ; aussi, tel qui raisonnera très bien un problème de géométrie n'en donnera pas moins sur d'autres matières maintes preuves d'illogisme. Des savants, fort précis en leur spécialité, ne pensent en dehors d'elle que d'une manière très ordinaire. Enfin, les humanités peuvent donner ou bien des êtres nuls qui les auront oubliées ou bien des cuistres. Un programme d'études n'est qu'un ensemble de matériaux, il ne forme l'esprit que si on prend le soin de les élaborer. Faire réfléchir, tout l'enseignement est là et cet apprentissage de la réflexion se fera tout autant à propos de la chimie que de la géométrie ou de la littérature.

On s'assurera donc que l'enfant a compris ce qu'il a appris. La plupart des enfants apprennent d'une manière purement psittacique. Pour s'en rendre compte, il suffit de les interroger sur une leçon qu'ils viennent de réciter sans une faute, par cœur. Le paragraphe qu'il savait si bien, ils ne le savent plus du tout dès que l'on change un peu les mots. Les enfants du peuple, dont l'idéation très pauvre ne peut s'élever même jusqu'à leurs leçons primaires, transposent, parfois de la manière la plus comique, les mots qu'ils ne comprennent pas en expressions plus familières.

Voici comment ont répondu à une question du catéchisme des enfants de dix ans d'une école primaire de religieuses : « Quels sont ceux qui font du tort aux prochains ? Ceux qui font du tort au prochain sont les voleurs, les domestiques, les marchands sans propriété, les serruriers, les plaideurs ». La réponse correcte est celle-ci : « Les voleurs, les domestiques infidèles, les marchands sans probité, [les usuriers], les plaideurs de mauvaise foi ». L'enfant qui ne connaissait pas le mot usurier a traduit par serrurier, probité voulant dans son esprit dire propriété, etc.

Transposée ainsi, la réponse ne présentait évidemment plus aucun sens, mais c'était là le moindre souci de l'élève dont la seule préoccupation était d'emmagasiner des sons pour pouvoir les rendre à la première réquisition de son maître. Dans les milieux plus éclairés, le psittacisme est moins universel, mais il est loin d'avoir disparu ; du lycée même, il pénètre jusqu'à l'enseignement supérieur. La mère féministe le combattra de toutes ses forces et elle n'aura de cesse que l'enfant puisse prouver qu'il a compris. Elle lui fera trouver tout seul, sans l'aider, les applications ou les conséquences des connaissances qu'il aura déjà acquises.

Une petite fille très jeune encore que j'élève avait appris récemment dans sa géographie qu'un étang est un petit lac. Au cours d'un voyage, nous passâmes devant un étang et je lui demandai : - « Comment appelle-t-on cette étendue d'eau ? » - « Je ne sais pas. » - « Comment, tu ne sais pas, mais tu m'as hier très bien récité la définition du lac et de l'étang ». - « Ah ! oui » Et alors, les yeux vagues dans l'oubli total de l'étang qu'elle avait devant elle, elle me récita alors à nouveau les paragraphes de sa géographie : évidemment pour elle et pour les enfants en général, les livres sont une chose et le monde, une autre chose.

La tâche de l'éducatrice sera de faire tous ses efforts pour rattacher la vie aux livres et les livres à la vie ; ainsi son élève sera vraiment un esprit cultivé et non un âne chargé de latin ou de tous autres matériaux scolaires.

Le latin a son utilité comme la langue-mère : lorsqu'on l'a un peu appris, on a plus de facilité pour apprendre les langues qui en dérivent ; il a aussi l'avantage de faire connaître les civilisations antiques. Mais, à vrai dire, on pourrait se dispenser de le mettre dans l'instruction première. Au Moyen Age, le latin était une langue vivante ; la langue des lettrés ; entre eux, savants et hommes de lettres correspondaient en latin. On écrivait en latin beaucoup de livres, ce qui avait l'avantage de se faire immédiatement comprendre dans tout le monde cultivé.

Dans leurs voyages à l'étranger, les savants utilisaient le latin. En un mot, le latin était la langue auxiliaire ; ce que l'Espéranto est en train de devenir. Mais aujourd'hui, il est certain que les œuvres de la civilisation gréco-romaine pourraient être étudiées dans les traductions : du latin et du grec, on ferait une spécialité réservée à un petit nombre de personnes. Au fond, les partisans du latin dans l'enseignement secondaire ont surtout en vue de délimiter les classes sociales, d'élever une barrière devant la démocratie envahissante. Cette barrière, les sciences ne la font pas assez nette, mais le latin, langue difficile, qui ne s'enseigne que dans certains établissements à tarif élevé, rebute les familles ouvrières et demi-bourgeoises, et il permet, l'éducation terminée, de discerner sans contestation possible l'aristocrate du roturier.

Cette seule considération devra déterminer la féministe, si elle le peut et si l'enfant est capable, à faire enseigner le latin à sa fille. Un enseignement réservé à une minorité qui veut, à tort ou à raison, être une élite, est toujours supérieur à celui qui est donné à la majorité. Les matières en sont plus nombreuses et surtout l'esprit en est meilleur. C'est l'égalité sociale, certes, qui est désirable, mais tant que l'inégalité subsistera, il vaut mieux, plus encore pour le caractère que pour les possibilités d'avantages matériels, être formé pour la direction que dressé pour la servitude.

Je ne saurais ici trop réagir contre le préjugé courant. Presque tout le monde pense que l'instruction des enfants doit être subordonnée au milieu social des parents. Les classes dirigeantes, naturellement, déploient toute l'énergie dont elles sont capables à propager cette idée et les classes dirigées la partagent aussi parce que, dans leur manque de caractère, rien ne leur agrée moins que le moindre effort. Dans Blanchette, un auteur dramatique, M. Brieux, nous présente un ménage populaire ambitieux, oh ! bien modestement cependant, pour sa fillette, dont il veut faire une institutrice. L'enfant comble l'espoir de ses parents, elle conquiert ses diplômes, mais dédaigneuse des gens simples dont elle est issue, elle les abandonne et verse dans la galanterie. Moralité : gens du peuple, ne donnez pas d'instruction à vos filles. Contrairement à ce qu'on pourrait croire, c'est dans les milieux populaires que cette pièce a été le plus goûtée ; encore aujourd'hui, on la joue fréquemment dans les soirées socialistes et syndicalistes. Elle flatte, il est vrai, l'antiféminisme des ouvriers ; s'il se fût agi d'un garçon, le peuple aurait moins vibré, mais une fille que l'on affranchit de l'esclavage ménager, évidemment, cela révolte. L'ouvrière n'a pas assez de colère pour cette pimbêche qui se croit au-dessus des autres parce qu'elle a lu dans des livres. Tous les mauvais sentiments du peuple se sont trouvés être excités pour le plus grand intérêt des classes dirigeantes.

Donner, advienne que pourra, le plus possible de culture intellectuelle, telle doit être l'idée directrice de la féministe et de tout le monde en général, car cela s'applique aux garçons comme aux filles. La perspective des obstacles que la société dressera devant la jeune fille instruite mais pauvre ne doit pas arrêter. D'abord, elle peut réussir à se faire une situation dans une carrière libérale, ce qui, quoique peu brillant pour les femmes, vaut mieux quand même que le travail asservissant et mal payé des ouvrières. Si elle ne réussit pas et se voit forcée de s'employer dans le commerce et l'industrie, elle apportera des qualités d'intelligence qui l'y mettront en meilleure place et, dans ses heures de loisir, elle pourra prendre plaisir à la lecture, à la musique, visiter avec intérêt les musées, jouir des spectacles de la nature. Cela pourra, il est vrai, la détourner d'épouser un ouvrier, mais à cela, nous ne voyons pas grand mal, bien au contraire, car nous pensons, nous, que la femme doit être élevée pour elle-même et non pour l'homme.

Les partisans de l'ignorance pour les pauvres disent, à l'appui de leur système, qu'une bonne éducation prépare au pauvre une vie malheureuse, parce qu'elle lui donne des désirs qu'il ne pourra satisfaire. C'est un point de vue faux et criminel car si l'enfant né de parents pauvres ne peut satisfaire ses désirs de vie heureuse, à qui la faute ? Mieux vaut encore, au reste, désirer en vain que vivre la vie bestiale de l'ouvrier ignorant.

Le désir de s'élever incite à l'effort et quelquefois cet effort sera récompensé par un certain succès. Si les pauvres étaient instruits, on verrait vite la fin de l'inégalité sociale : c'est précisément parce qu'ils sont ignorants que l'inégalité dure : leurs velléités de mieux-être ne leur servent qu'à être les dupes des politiciens sans scrupules.

Je ne me dissimule pas cependant que la mère pauvre ne pourra que très difficilement doter sa fille de la haute culture intellectuelle. Le lycée et les cours secondaires sont trop chers et, comme elle ne peut payer, force lui sera de mettre sa fille à l'école primaire. Elle complètera donc du mieux qu'elle pourra l'enseignement en achetant des livres qu'elle étudiera elle-même et en fera étudier sa fille. Le baccalauréat peut se préparer chez soi avec des manuels : évidemment un enseignement oral vaudrait mieux, mais avec de la persévérance, on peut y arriver.

Pour que les études soient à la fois moins arides et plus intelligentes, on joindra aux manuels quelques auteurs littéraires et philosophiques ; on fera lire des mémoires historiques qui seuls donnent une idée des époques : ils ont en outre l'avantage, d'être, en général, de lecture agréable. Comme distraction, on donnera les romans historiques, de préférence aux autres. L'enfant y verra évoluer les premiers personnages de leur temps : cela lui donnera des idées d 'élévation sociale, ce que ne ferait pas ceux où il n'est question que des amours et des malheurs des gens quelconques.

Jusqu'à quel âge faudra t-il laisser l'enfant à l'école ?. En principe, il faudra l'en retirer le plus tard possible. Une institutrice, une employée des postes, une dactylographe peuvent gagner leur vie à dix-huit ans et, avant cet âge, dans n'importe quelle profession, une jeune fille ne rapport guère. Mieux vaut se priver d'un vêtement, d'un meuble, renoncer à quelques plaisirs que de sacrifier la vie d'une enfant en l'envoyant à treize ans gagner dix sous par jour dans un atelier. Il est des cas d'extrême misère où ces dix sous constituant une ressource précieuse, on ne peut faire autrement, mais ces cas sont l'infime minorité. La plupart des ménages ouvriers d'aujourd'hui pourraient, sans se gêner, laisser leurs enfants jusqu'à quinze ans en classe ; s'ils ne le font pas, c'est que, ne comprenant pas l'utilité de la culture intellectuelle, le temps d'école leur apparaît du temps perdu.

Toute jeune fille riche ou pauvre doit avoir une carrière, les hommes riches en ont une parce qu'ils considèrent, en général, qu'une vie entièrement oisive ne vaudrait pas la peine d'être vécue. La féministe fortunée se fera de la vie une conception analogue. Quel plaisir de passer son existence à se vêtir et à se dévêtir, à recevoir et à rendre de fastidieuses visites à des femmes peu intelligentes en général et qui ne savent parler que de frivolités ? Évidemment, la jeune fille riche n'ira pas se faire professeur de lycée ou dactylographe de ministère ; outre qu'elle irait prendre le pain de la fille pauvre dont elle occuperait la place, elle s'assujettirait inutilement, mais elle peut conquérir des diplômes supérieurs en sciences et en lettres et, cela fait, plaider en avocat, briguer dans un laboratoire ou un institut des fonctions gratuites.

Elle peut, si ses préférences l'y portent faire de l'aviation, de l'automobile, de l'escrime. Les femmes ne font guère de sport que comme amusement, pourquoi n'en ferait-elle pas une carrière désintéressée comme le fait le sexe masculin ?

La plupart des sports exigent une grande vigueur naturelle, les femmes y sont inférieures aux hommes, mais qui les empêche de constituer des cercles d'aviatrices, d'automobilistes, de cyclistes, de boxeuses, etc. ?

La mère pauvre devra, bien entendu, se cantonner dans les carrières qui rapportent, car la grande affaire sera de mettre sa fille en état de gagner sa vie par elle-même, sans le secours d'un homme.

À l'industrie privée, elle préférera les fonctions publiques. Peut-être une voie va t-elle y être ouverte aux femmes, puisque les hommes qui désiraient tant autrefois devenir fonctionnaires n'y tiennent plus aujourd'hui. L'avantage des fonctions publiques, c'est la sécurité du lendemain, la quasi-certitude de ne pas perdre son pain à moins de contingences graves. En outre, le milieu fonctionnaire, quoi que peu relevé, l'est quand même plus que le milieu industriel et commercial.

L'entrée dans une carrière ne devra pas, bien entendu, marquer la fin de l'éducation ; il en est ainsi pour les gens grossiers qui ne considèrent l'acquisition de connaissances que comme un moyen de lucre. L'éducation a sa fin en elle-même et elle doit durer toute sa vie.

Chapitre IV. L'éducation sexuelle

L'éducation sexuelle est à l'ordre du jour. On se détache de plus ne plus des anciennes idées d'après lesquelles il était moral de paraître ignorer la sexualité et de faire le silence sur ses pires turpitudes. Combien de jeunes filles se mariaient croyant encore que tout le mariage consiste à s'habiller de blanc pour aller aux côtés d'un monsieur à la mairie et à l'église. La révélation de la réalité était une surprise toujours désagréable, parfois affreuse. Il arrivait que la nouvelle épousée, indignée, se plaignait à sa mère ; alors la mère lui prêchait la résignation : « Les femmes, disait elle, sont faites pour se soumettre et pour souffrir, ainsi le veut la nature… et le bon Dieu !»

Bien des hommes ne voyaient pas en la femme un être humain, mais seulement un instrument de plaisir dont ils avaient le droit d'user et d'abuser, ne se faisaient et ne se font — on peut parler au présent car l'éducation sexuelle des femmes est encore bien loin de les mettre à même de se tenir en garde — bien des hommes, donc, ne se font aucun scrupule de se marier alors qu'ils sont atteints de blennorragie. Au bout de quelques semaines de mariage, la femme devient malade, elle prend le lit ne sachant rien des causes de son mal. L'hypocrisie et l'ignorance se font complice pour la duper. « Voyez, tout de même, disent les parents et amis, combien le sexe féminin est fragile ; cette jeune femme est mariée depuis deux mois et la voilà au lit, le chirurgien parle d'opération ».

Un jour, un de mes maîtres en médecine interrogeait les malades d'une salle d'hôpital. Il arriva au lit d'une jeune personne : « Et vous, qu'est-ce que vous avez ? » « J'ai mal eu ventre ». Il eut un geste évasif : « J'ai mal au ventre, j'ai mal au ventre ; ah ! le ventre des femmes ! ». Il oubliait — il le savait cependant mais le point de vue mâle règne si exclusivement sur l'esprit des hommes que ce médecin oubliait sa pathologie — il ne se rappelait plus que lorsque le ventre des femmes est malade, la faute en est aux hommes la plupart du temps.

La propagande néo-malthusienne attira l'attention des gens d'opinion avancée sur la question sexuelle. La réflexion les amena à la conviction que cette question n'avait rien de honteux et qu'on pouvait la traiter ouvertement comme toute autre. Mais pour les hommes d'opinion avancée, comme pour les rétrogrades, la femme n'est qu'un instrument ; aussi le néo-malthusianisme ne se préoccupa-t-il guère que du point de vue économique et de la sécurité des mâles célibataires.

Cependant, parmi les néo-malthusiens se sont rencontrés quelques hommes à l'esprit de justice qui ont pensé que la femme devait tout de même être prise en considération ; mais, dans leurs écrits, si elle est quelque chose de plus que l'instrument dont on ne parle même pas, elle est loin, bien loin d'être l'égale de l'homme.

Les ouvrages les plus avancés sur l'éducation sexuelle se bornent à donner à l'homme le conseil de ménager la femme. C'est un être humain, mais un être inférieur et faible. L'homme peut lui faire beaucoup de mal, il est donc moral qu'il contraigne les impulsions de son instinct sexuel ; il se gardera, par exemple, de s'adresser aux jeunes filles, car il peut les rendre mères et compromettre, de ce fait, toute leur vie.

Une féministe digne de ce nom ne veut la pitié de personne ; c'est à elle et à elle seule qu'appartient le soin de diriger son existence, elle se gardera donc des dangers de la sexualité, comme elle se garde de la maladie et des périls de toutes sortes qui nous entourent. Mais, pour qu'elle soit capable de cette self-protection, il faut que l'éducatrice, rompant en visière avec les préjugés que les gens les plus libéraux n'abordent que timidement, fasse l'éducation sexuelle de sa fille.

Certaines personnes d'opinion avancée prétendent que, dès le jeune âge, on doit révéler aux enfants la vie sexuelle, parce que, disent-ils, il ne faut jamais mentir. C'est là un point de vue simpliste ; il ne faut évidemment pas mentir sans nécessité, mais je ne vois nullement la nécessité d'attirer l'attention des enfants sur des organes auxquels ils ne pensent pas encore.

Les explications naïves que l'on donne de la génération aux petits enfants ne sont pas sans charme. Les roses qui s'entrouvrent pour donner le jour à des jolis bébés embellissent l'imagination du premier âge : il sera toujours temps de l'enlaidir avec la réalité. J'irais même dans cet ordre d'idées jusqu'à laisser les fées, les génies et les anges, surnaturel puéril qui n'a rien de dangereux pour l'avenir.

De six à sept ans par exemple, on commencera de laisser entrevoir la vérité sur la reproduction, car il ne faut pas que cette vérité, les enfants la découvrent eux-mêmes ; pour enlever aux choses de la sexualité leur caractère pervers, il est indispensable de les dépouiller du mystère dont on les couvre habituellement. On commencera donc vers la septième année de dire à la petite fille que les enfants ne naissent pas dans les choux ni dans les roses, mais dans le ventre de leur mère.

Quant aux relations inter-sexuelles pour la procréation, elles n'ont pas besoin d'être révélées avant l'âge de douze ans. Dans les milieux sains, il est bien rare que l'esprit enfantin travaille sur cet objet avant la douzième année. La sexualité sera traitée simplement comme une question d'histoire naturelle : on n'y attachera aucun caractère honteux. On fera à la fillette un tableau de la reproduction chez les plantes, chez les animaux inférieurs, puis les oiseaux et les mammifères et on expliquera que l'homme appartenant à cette dernière classe d'animaux, se reproduit selon les mêmes lois qu'elle.

Dès l'âge de douze ans, et surtout si l'enfant sort seule, ce qui sera le cas de notre jeune féministe, on devra la mettre en garde contre les hommes. Il sera ici inutile, dans un âge aussi tendre, d'éclairer d'un jour trop cru les laideurs de la sexualité. On se bornera à expliquer qu'il y a un très grand danger pour les enfants, filles ou garçons, à suivre des inconnus, même bien habillés ; à l'appui, on citera les faits-divers des journaux relatant les crimes de satyres. L'enfant se contentera d'explications sommaires, comme celle-ci, par exemple, que des hommes, très normaux en apparence, sont en réalité des fous atteints de la passion morbide de tuer des enfants. Cela suffira pour inspirer à la fillette une terreur salutaire des invites masculines.

C'est vers quinze ans que l'on révélera toute la réalité ; on ne gardera plus alors aucun ménagement, l'amour physique et sentimental, normal et pathologique sera expliqué tel qu'il est. On entrera, bien entendu, dans les plus grands détails sur l'amour au point de vue social ! La séduction et les artifices de l'homme pour amener à ses fins la jeune fille, la maternité en mariage et hors mariage, les pratiques néo-malthusiennes, les maladies vénériennes, la condition des femmes entretenues, la prostitution haute et basse. Autant que cela est possible, on montrera des exemples. On conduira la jeune fille à la porte des grands magasins à l'heure de la sortie des employées ; on lui montrera l'amant jeune ou vieux attendant sa maîtresse. Des promenades fréquentes dans les quartiers pauvres de Paris permettront de la faire assister à des disputes entre mari et femme, des promenades nocturnes lui donneront un aperçu de la basse prostitution, on ira notamment assister devant les commissariats à la montée des prostituées dans le « panier à salade ». Pour voir la haute galanterie, on assistera aux courses.

Comment appréciera-t-on au point de vue moral la sexualité ? Je ne saurais, évidemment, étant donné que je considère que, tout autant que l'homme, la femme a droit à l'amour, conseiller à la mère féministe de s'inspirer ici de la tradition. Avoir un amant n'est pas mal ; ce qui est mal, c'est de se faire entretenir par lui, car on devient alors une marchande d'amour digne de tous les mépris. Avant de songer à la sexualité, la jeune féministe devra être en état d'assurer son existence si elle est pauvre, si elle est riche, d'assurer son existence intellectuelle. On expliquera que, satisfaite trop tôt, la sexualité ne peut que troubler la préparation de la carrière et faire de la jeune fille une dévoyée pour toute sa vie.

On dira aussi combien est profond l'abîme qui sépare la justice et la logique des réalités présentes. Ce droit imprescriptible à l'amour que la femme doit posséder, la société ne le lui accorde pas et, comme nous vivons dans la société, il faut tenir compte dans une certaine mesure de ses préjugés. Il ne faudrait pas, par exemple, que la conviction de son droit à l'amour fasse de la jeune fille la dupe des hommes et l'expose à être rejetée par la société dans la classe des femmes interlopes ; car on ne distingue guère encore aujourd'hui la jeune fille vivant en amour libre et la fille entretenue.

Cet antagonisme de la vraie justice et de la réalité sociale fera qu'il sera bon, tout en laissant une très grande somme de liberté à la jeune fille, de veiller un peu plus sur elle jusqu'à l'âge de vingt ans. On la tiendra, pas plus, mais autant que les familles de la bourgeoisie tiennent les jeunes garçons. La raison d'une jeune fille de quinze à seize ans est encore bien faible ; malgré tous les conseils, les exemples mêmes, elle pourrait céder à l'attrait naturel que la jeunesse exerce sur la jeunesse et perdre peu à peu toutes ses bonnes habitudes d'étude et de travail régulier.

À vingt ans, la jeune fille a toute sa raison, on lui laissera donc sa liberté entière à ses risques et périls.

Si la jeune fille préfère rayer de sa vie le chapitre de la sexualité, on l'encouragera dans cette voie. Les lois et les mœurs asservissent la femme et elle ne peut guère trouver un peu de liberté qu'en se privant d'amour. Même en union libre, la femme est en tutelle, l'homme se croit son maître et, pour conquérir l'indépendance, il faudra que la jeune féministe livre dans son ménage une lutte de tous les instants qui lui fera la vie intolérable.

Les médecins qui ont écrit sur les dangers de la chasteté n'ont pensé qu'aux hommes, les femmes n'ont pas une sexualité aussi impérieuse. Dans les couvents, nombre de sœurs vivent très vieilles et en meilleure santé que les femmes mariées. La nervosité des vieilles filles tient à leur désoeuvrement et non à leur continence. Si elles sont souvent tristes, c'est par ce que le célibat leur a été imposé par les circonstances en dépit de leur grand désir de mariage.

Notre jeune féministe aura, pour remplir son existence, sa profession à laquelle elle ne manquera pas de joindre une ou plusieurs occupations désintéressées qui donneront une raison à sa vie : elle cultivera une science, un art, s'occupera de politique ou d'œuvres sociales. Si elle a des amies, elle adoptera de préférence la vie en commun à plusieurs jeunes filles ; elle évitera ainsi la solitude qui est la grande tristesse du célibat.

Mais la jeune fille peut vouloir mettre la sexualité dans son existence, quel conseil alors lui donner ? Cela dépendra du milieu social. Si on est riche, on pourra laisser la jeune fille se marier. Une union libre la mettrait au ban de sa classe et le mariage, dans les classes dirigeantes, est moins asservissant pour la femme que dans la bourgeoisie moyenne et surtout dans le peuple.

Bien entendu, on prendra ses précautions quant à la fortune : c'est le régime de la séparation de biens qui sera choisi.